„Ja, ich erkenne Zarathustra. Rein ist sein Auge, und an seinem Munde birgt sich kein Ekel. Geht er nicht daher wie ein Tänzer? Und den Herrschenden wandt ich den Rücken, als ich sah, was sie jetzt Herrschen nennen. Schachern und Markten um Macht, mit dem Gesindel. So sprach ich das Lachen heilig. Das Lachen sprach ich heilig, ihr höheren Menschen, lernt mir, Lachen. In Deutschland fehlt dem höheren Menschen ein großes Erziehungsmittel. Das Gelächter höherer Menschen, diese lachen nicht in Deutschland."

Friedrich Nietzsche

Burak Tuncel

Das Flüstern der Schönheit

Die Liebenden

~Der fremde Junge~

Dichterischer Roman

Vorwort

Ich danke Ihnen, dass sie mich auf dieser literarischen, poetischen Reise begleitet haben. Ja, vieles Gesagte gefiel nicht den meisten Menschen. Doch anzufechten, was wir bisher als Richtig geglaubt haben, war meine Mission, oder wie es der große Friedrich Nietzsche beschrieb. „Die Umwertung aller Werte." Ja, das Schwert meines Stiftes war sehr oft fein geschliffen und schlug zu wie der eines Samurais. Doch, war dies nötig um die Menschen aufzurütteln. Ja, der Menschensohn hat ein so großes Potenzial in sich, doch er gibt sich mit dem Niedrigsten zufrieden. Die Art und Weise wie der Menschensohn seit Jahrtausenden lebt ist keine Schöne gewesen. Der Stift rebellierte und ich schrieb. Ja, manchmal konnte ich mich dabei ertappen, wie ich den Stift beim Schreiben sogar Gegensteuerte. Härter hätten meine Beobachtungen zu Papier kommen können, denn die Mutter Natur redete zu mir, die Liebe redete zu mir. Das Leben redete zu mir und wollte, dass ich dies alles Nieder schreibe. Die Sehnsucht der Mutter Natur sollte in meinen Werken geschrieben werden. Nein, die Mutter Erde hat so etwas nicht nötig, dass ein armer Mensch wie ich dies alles schreibe. Doch die Existenz schickt seine Boten wenn es sehr dunkel in der Menschheit geworden ist und jene sollen den Menschen wieder zum Licht führen. So wurde ich hier in diesem Land geboren, welches man Deutschland nennt und schrieb meine Beobachtungen. Ich schreibe für die Maria Magdalena's unserer heutigen Zeit, für die Ausgestoßenen. Für die Prostituierten, für die Tiere und die Natur. Denn es heißt, dass „Die Würde des Menschen unantastbar sei, oder es keine Sklaverei geben würde und jeder sich frei entfalten könne", in diesem Land. Doch dies waren keine wahren Worte, wenn ich mir dieses Land und die Welt ansah. Die Menschen machten sich nur etwas vor.

Das Leben fließt jede Sekunde und läuft nicht Rückwärts, noch verweilt es im Gestern. Doch die Menschen leben immer noch in alten Gedankenmustern und widmen sich nicht der Bewegung des neuen Denkens. Dies ist gegen das Leben. Ja, die Menschen auf dem Marktplatz, wie ich sie nenne. Nein, sie können nicht so weitermachen, wie bisher. Man brauch eine neue Art zu denken und leben. Wenn man sich auf dem Marktplatz nicht ändert, wird die Natur mit aller Gewalt unsere falsche Sicht der Dinge und des Lebens auf eine sehr unschöne Art und Weise zeigen. Ja, die Masse, das Volk ignorierte mich, ließ mich in der Isolation gefangen und wollte, dass meine Bücher nicht verlegt werden. Man stellte meinen Werken Steine in den Weg, doch die Liebe findet stets zu seiner Geliebten, eines Tages. So schrieb ich trotz der Schikanen welche ihr mir als mein Schicksal auferlegt hattet. Die Liebe hielt mich am Leben. Ja, trotz eurer Härte gegen mich, und dass ihr mich aus eurer Gesellschaft ausgeschlossen hattet, fühlte ich sehr viel Liebe für euch. Ich verlor nie die Hoffnung in den Menschen. Ich weiß, dass er eines Tages, auch wenn es womöglich nicht heute sein wird, zur Göttlichen Geliebten finden wird. Dies ist also ein Aufruf zum Handeln. Findet das Licht in euch, jetzt wo noch Zeit ist. Findet zum Tempel der Liebe, findet zur Dichtung und Poesie. Glaubt mir, *die Kinder würden sich sehr freuen, ja wahrlich die Kinder würden sehr glücklich werden.* Denn ihr sollt wissen, der Mensch ist nicht die überlegene Spezies in diesem Universum. Es gibt viel höhere Dimensionen und Formen, welches wir mit den Augen des Verstandes nicht sehen und erfassen können. Die Schönheit von Morgen ist im Hier und Jetzt zuhause. So lasset uns gemeinsam fliegen, Lächeln wie es der Zarathustra von Nietzsche tat. So sprechen wir gemeinsam das Lachen für Heilig und finden zum großen Mittag, wo all das Gift zu Honig verwandelt wird, wo der Geliebte zu seinem Geliebten findet.

So verbleibet in Liebe,

Burak Tuncel

„Es gibt mehr Ding´ im Himmel und auf Erden, als eure Schulweisheit sich träumt."

William Shakespeare

Traumatische Erfahrungen erlebt das Herz jeden Tag. In meiner Hütte brennt es lichterloh. Jeder der mag, kann sich wärmen, doch es kommt niemand. Da keiner von wahrer Schönheit weiß, da niemand dem Weg des Wassers folgt. Ihre Routen führen zu den Großstädten, wo sie sterben werden, den Weg zu meiner Hütte, wo die Seele zur Liebe findet meiden sie. In allen Erscheinungsformen der Natur und des Universums ist wahre Religion zu finden. Das Gefühl der Heimatlosigkeit und der Nicht Zugehörigkeit in ihre Welt, lässt diese schöpferischen Werke entstehen. Wer ein einfaches Leben möchte, soll weiterhin mit der Masse leben und untergehen. Eine neue Welt zu erträumen ist nur den sorgevollen Geistern mächtig. Die Erde ist unsere Mutter, der Himmel unser Vater. Voller Magie sind unsere Gedichte. Wir sind nur Werkzeuge des Lebens, durch sie schreiben wir Gedichte und bringen sie zu Papier und erwecken sie zum Leben, wie eine Mutter, welches ein Kind zur Welt bringt. Wir schwimmen und werden müde, denn groß ist uns die auferlegt Last gegen die Herde anzukommen und in ihrer Welt zu überleben. Doch unsere Tage sind voller Wunder.

„Ich gehe in den Tod hinein, in das große Geheimnis. Verglichen mit ihm ist das Leben nichts. Das Unbekannte öffnet sich vor mir, das Unbegrenzte, das auf keiner Karte Verzeichnete. Ich bin auf einer großen Reise. Ich verliere mich selbst, gewinne aber das ganze Universum, das ganze Sein."

Sokrates

Sie möchten den Geist der Liebenden kränken, meine liebe Vera. Doch Geduld so wird uns gegeben von der Schöpfung. Sie kränken die Herzen der Unschuldigen, damit jeder so hässlich im Geiste wird wie *Sie*. Sie brauchen den hässlichen Geist für ihre Welt. In Schmerz und Streit soll enden alle Beziehungen. Doch, sie wissen nicht, der Tod ist mein schönstes Kleid. Das Lächeln der Kinder, unser Gebet Vera. Im Lächeln der Kinder, im Bellen der Hunde ist es vollendet in Schönheit, so alles Vera. Es ist vollendet.

So liebste Schönheit, vergib Ihnen. Sie gehen in den Supermarkt und Kaufen Fleisch, zerlegt und verpackt. Ich entschuldige mich bei dir für ihre Gewalt an den Tieren. Meine Gedichte sind ein Feuer, es brennt im Herzen. Das Leid all der Tiere ist mir zu unerträglich geworden. Ich denke an Selbstmord. Oh Götter, vergebt mir. So vergib ihnen, dass sie ohne Entschuldigung die Tiere für ihren Genuss töten. Meine Gedichte sind Klagelieder, sie sind das Feuer der Seele

„Aber ich behaupte, dass sehr viele reiche Leute, die aus irgendeinem Grund teure Bilder kaufen, es nicht wegen des Kunstwertes tun, den sie darin sehen."

Vincent Van Gogh

Ganz am Anfang herrschte Harmonie. Die Lieder der Natur spielten die schönsten Lieder auf feinen Noten. Die Sterne, der Mond und die Sonne waren glücklich. Alle Lebewesen waren damals befreundet. Doch, ganz heimlich kam ein böses Wesen, ein dunkler Despot auf die Erde und brachte Wettbewerb, Streit, Unglück, brachte Alkohol und Drogen, brachte Krankheit und Tod. Alle waren friedlich davor. Das Land war voller Sanftmütigkeit. Die Bewohner hatten wunderschöne, reine Augen. Ihr Gang war wie ein verliebter Tänzer. Diese bösen Kreaturen kamen und brachten das Christentum. Sie wollten uns damit der Schönheit berauben. Mit dem Christentum kam auch Raub und Gewalt. Ihr Gott war ein Lügner, genau wie sie.

„Ich glaube fest, dass ich immer sehr arm sein werde und daß es eine angenehme Enttäuschung für mich sein wird, wenn es mir glückt, schuldenfrei zu bleiben."

Vincent Van Gogh

Meine Seele ist Schwanger. Es schmerzt. Das Kind möchte geboren werden. Die Intellektuellen schreiben Gedichte und kehren wieder in ihre warmen Häuser zurück. Mein Volk jedoch, wälzt sich weiterhin im Schlamm der Lotusblume und blüht auf zu einer prächtigen Blume.

„Besser ein Schaf sein als ein Wolf, besser der sein, der totgeschlagen wird, als der Totschläger, besser nämlich Abel sein als Kain."

Vincent Van Gogh

In ihren Städten sind die Menschen am Durchdrehen, ich kann es an ihren Gesichtern sehen. Ihre Flüsse sind verschmutzt. Die Zahl der Verbrechen steigt. Ihre Regierungen und Untertanen, also das Volk, die Herde, die Masse. Sie bilden alle eine Familie. Sie brauchen einander. In Betonbauten töten sie das Schöne, an ihren Fenstern sind keine Blumen zu sehen. Doch ihre Betonfundamente zerfallen Stück für Stück, genau wie ihre Herzen, wenn sie noch eines Haben. Die Blumen lachen über ihre Welten. Magie wird ausgeschlossen bei ihnen. Keine Lieder der Liebe weit und breit zu hören. In ihren Städten wird man einsam nach Bergen und Wäldern. Man bekommt dort keine Luft zum Leben. Man verliert sich selbst. Nur der Pöbel liebt die Stadt. Dort kann er sich seinem korrupten Geschäft widmen.

„Ich fühle, daß die Zukunft mich wahrscheinlich hässlicher und unmanierlicher machen wird, und ich sehe eine gewisse Armut als mein Los voraus, aber, aber ich werde Maler sein."

Vincent Van Gogh

Der Mensch von heute möchte sich nicht ändern. Er war immer gleich und wird auch morgen der Gleiche bleiben. Und doch fahren die Menschen fort mit, ihre Kulturen, ihre Religionen zu preisen und Heilige in den Himmel zu heben. Die Menschen haben einen monogamen Geist hervorgebracht, keinen Liebenden Geist. Deshalb gibt es so viele Kriege, so viel Gewalt, Wettstreit.

„Ich sage dir, ich wähle bewusst den Hundeweg, ich bleibe Hund, ich werde arm, ich werde Maler, ich will Mensch bleiben, in der Natur."

Vincent Van Gogh

Mein Lieber Hund Blacky.

Ich sehe mir die Menschen an. Sie bekommen glänzende Augen, wenn es um Krieg und Gewalt geht. Sie empfinden Freude im Wettbewerb. Doch sie empfinden niemals Freude, wenn es um die Liebe geht. Welch ein Drama. Wenn es kein Morden der Schönheit gibt, dann sind die Menschen schlapp und träge. Sie sind voller Energie wenn es um das Töten der Blumen und Schmetterlinge geht. Ihr Leben ist sinnlos, wenn es keinen Streit gibt. So empfinden sie, die leblose Masse. Schafft man eine Situation in der Gewalt erlaubt ist, so sind alle Putzmunter. Doch warum nur? Unsere Fähigkeit zu lieben ist geschwunden. Ein Kind ist fähig, jeden zu lieben. Jedoch, die Menschen nicht. Ein Kind ist dazu geboren, das ganze Universum zu lieben. Wieso werden die Menschen nicht liebevoller mein treuester Begleiter Blacky?

„Auf welche Art wird man mittelmäßig? Dadurch, dass man heute dies und morgen jenes so dreht und wendet, wie die Welt es haben will, dass man der Welt nur ja nicht widerspricht und nur der allgemeinen Meinung beipflichtet."

Vincent Van Gogh

Wie könnte man in einer von Hässlichkeit regierten Welt, Schönheit hervorbringen? Es scheint sehr schwer zu sein. Meine Poesie kommt aus dem dörflichen Leben. In ihren Städten ist keine Poesie möglich. In den Dörfern ist der Mensch noch mit dem kosmischen Fluss im Einklang. In den Städten verliert man all das Schöne um die Liebe. In den Städten haben die Menschen Verlangen nach vielen Sachen. Verlangen bedeutet immer Unzufriedenheit. Das Wort Liebe zählt zu den am häufigsten falsch verwendeten Wörtern. Die Gesellschaft hier hat eine lebensverneinende Grundgesinnung, eine freudenfeindliche Grundgesinnung. Das ist der Trick bei allem. Freudvolle Menschen kann man nicht versklaven. Es sind die Freudlosen, jene die Versklavt werden. Freudvolle Menschen ziehen nicht in den Wettbewerb oder Krieg.

„Isoliert zu sein ist etwas Schauderhaftes, eine Art Gefängnis."

Vincent Van Gogh

Liebende Menschen können nicht konkurrenzorientiert sein. Ein freudvoller Mensch bittet nie um Mehr. Er ist selbst zur Freude geworden. Die Freude ist erfüllend genug. Menschen sind polygam, aber alle Gesellschaften haben die Monogamie erzwungen. So geht Sklaverei seit Jahrhunderten. Würde die Gesellschaft von schönen Menschen geleitet und nicht von Menschen, die euch ausnutzen wollen, sondern von Menschen, die eurem höchsten Potenzial gerecht werden wollen, dann gäbe es keine Eifersucht und Monogamie. Doch, die leitenden Strukturen wollen nicht, dass ihr Intelligent werdet. Man kann nur ein Sklave werden und bleiben, wenn man in den tieferen Tälern wohnt. Warum ziehen die reichen Menschen nicht in den Krieg? Es sind immer die Armen, die an der Front sterben. Denkt darüber nach.

„Ich selber, ich bin mit Unglück und Mißerfolg fest verwachsen, es ist oft verdammt schwer, aber die sogenannten Glücklichen und ewig Erfolgreichen beneide ich trotzdem nicht, denn ich sehe zu sehr hinter die Kulissen."

Vincent Van Gogh

Eure Augen können nicht sehen. Ihr könnt neben mir stehen, und doch seht ihr nicht den wunderschönen Sonnenuntergang. Ihr habt keine Empfindsamkeit. Um die klassische Musik des Ostens zu verstehen, braucht ihr sinnliche Ohren und Augen. Dies habt ihr nicht. Ihr und eure Welten seid in der biologischen, begrenzten Welt gefangen. In der Liebe aufsteigen ist etwas Geistiges. Biologie ist stets Blind. Ihr habt die Liebe in all eure Machtspiele eingesperrt. Ihr seid Mörder der Liebe. Die Liebe ist das wertvollste der Welt, doch ihr habt sie auf dem Marktplatz umgebracht, im Namen eurer ekligen Machtspiele.

„Dieser oder jener Kunsthändler spricht sehr freundlich, aber in seinem Herzen schämt er sich meiner, und meine Arbeiten lässt er glatt nieder."

Vincent Van Gogh

Weil ihr im finsteren Tal lebt, könnt ihr die Worte der schaffenden Künstler nicht verstehen. Eure Künste sind nur Propaganda eurer korrupten Staaten. Die Liebenden wandeln auf den sonnenbeschiedenen Gipfeln. Eure Sprache ist die Sprache der Nacht, wir reden die Sprache des Morgens. Deswegen könnt ihr uns nicht verstehen. Sobald ihr von den Liebenden Wesen lernt, werdet ihr das Leben besser verstehen. Die Masse gibt es massenhaft, die Liebenden sind selten auf dieser Welt.

„Freiheit ist ein gefährliches Phänomen, ungeheuer wichtig, aber auch gefährlich. Ihr könnt unter die Tierstufe fallen und ihr könnt über die Götter aufsteigen. Das ist der ganze Freiheitsbereich."

Osho

Sie möchten die schönen Blumen der Erde stets töten, so ist schon immer die Einstellung der breiten Masse.

„Die Priester und Imame sind es, welche bis heute Millionen von Frauen dazu zwingen der Prostitution nachzugehen.“

Osho

Die Gesellschaft welche ich bewohne, nennt mich Geisteskrank. Doch die Göttlichkeit in mir sagt die Wahrheit. Sie haben eine böse Welt errichtet, deswegen scheine ich krank zu sein, für sie. In die Irrenanstalt abgeschoben zu werden, ließ mich schreiben. Schreiben von der Schönheit der Welt. Verurteilt zu sein als Krimineller und Wahnsinniger ist Schicksal der schönen Geister. In Deutschland fürchtet man sich davor, den Menschen große Geheimnisse mitzuteilen, die sie zu unabhängigen Einzelnen machen könnte.

„Jetzt wird es immer härter und kälter und trübseliger um mich her.“

Vincent Van Gogh

Das geistige Durchschnittsalter des Menschen hier ist zwölf Jahre. Es ist unglaublich, dass die Menschen *nicht* wachsen und reifen. Der Himmel ist von ihnen zu weit entfernt. Ihre ganze Energie widmen sie dem Geld, dem Ansehen. Die Gesellschaft lenkt die natürlichen Energien eines Kindes in höllische Richtungen. Es lenkt die schönen Energien in die Richtung des Geldes und des Wettbewerbs. Im Westen schätzt man nicht die alten Menschen. Sie werden als krank gesehen. Man steckt sie in tote Betonbauten. Wie eine Art Materie, welches gestorben ist und nicht mehr auszunutzen ist.

„Ich selber habe jetzt manchmal soviel Kummer, er macht mich geradezu krank und lässt sich nicht ablenken oder betäuben, na ja."

Vincent Van Gogh

Auf dem Marktplatz höre ich sie reden. Unter dem Mäntelchen schöner Worte üben sie aus Missetaten gegen die Liebe. Sie reden über Liebe, doch zerschlagen jede Möglichkeit, dass Menschen zur Liebe gelangen können. Sie reden über Frieden und schaffen alle Umstände für Krieg und Wettstreit. Sie haben keinen Anstand, die Menschen in den Städten. Die ganze Energie der Bewohner der Städte sind auf das Geld gelenkt. Politik wird zu ihrem Liebesobjekt. Das ist Perversion.

„Nun will ich so frei sein, dir eines zu sagen, wir trennen uns. Das ist für mich ein schwerer Übergang und ist mit Schwierigkeiten geldlicher Art verbunden, die sehr brenzlig für mich sein werden."

Vincent Van Gogh

Gewiss, die Masse ist zivilisiert, gebildet, wissenschaftlich, technologisch geworden. Aber um welchen Preis? Sie haben keine Liebe in ihren Augen. Sie haben allen Frieden verloren. Sie haben alle Stille verloren. Sie haben alles Weibliche und Kindliche verloren. Diese Gesellschaft hier in Deutschland besteht letztendlich nur aus wandelnden Leichen. An den Universitäten sprechen sie mit einem Oxfordakzent, und doch sind sie Leichen. Sie werden geachtet von dieser Welt, doch schaut man in sie hinein, sieht man wie hohl sie sind.

„Ich finde, wenn man den Meistern nachzugehen versucht hat, so findet man sie alle in gewissen Augenblicken tief in der Wirklichkeit wieder. Ich meine, was man ihre Schöpfungen nennt, wird man auch in der Wirklichkeit sehen, je nachdem man die gleichen Augen, das gleiche Empfinden hat wie sie."

Vincent Van Gogh, Briefe

Die Gesellschaft, jene wir bewohnen ist eine Ausbeutungsgesellschaft. Sie ist gespalten in die Besitzenden und die Besitzlosen. Die Besitzlosen müssen arbeiten, einfach um zu überleben und die Besitzenden häufen Berge von Geld an. Das ist eine so hässliche Situation. Dabei sind die Besitzlosen die wahren Eigentümer des ganzen Reichtums dieser Welt, denn sie sind die Produzierenden und Leidenden. Die Menschen knüpfen Bedingungen, wenn sie Erfüllt werden, dann sind sie die Höflichsten, doch wenn sie nicht Erfüllt werden, dann zeigen sie ihr wahres Gesicht.

„Aber wenn man nicht dafür sorgt, dass man ein eigenes Zuhause hat, geht's mit der Kunst schlecht vorwärts."

Vincent Van Gogh

Wer ist nur Verfasser dieser Zeilen? Schweigen ist die Antwort. Anstatt die Kinder mit der Göttlichkeit, mit der Natur in Verbindung zu bringen, sperrt man sie ein in Schulen wo man sie mit Informationen vollstopft und damit das Herz tötet. Heute haben die Wissenschaftler und Psychologen die Rolle des Priesters übernommen. Sie arbeiten im Dienste der korrupten Staaten und ihren Strukturen. Das Dilemma der heutigen Zeit, die Menschen beten sich Selbst an, keine Schönheiten mehr. Die ganze Existenz voller Schönheit, doch der Mensch mag töten das Ganze. Die prophetische Botschaft macht nur was ihm sein eigenes Herz sagt, doch die organisierten Religionen haben nichts mit dem Flüstern des Herzens zu tun. Der gegenwärtige Mensch heißt Homo Mechanicus. Die Menschen sind zu gut trainierten, geschickten Maschinen geworden. Wer sich gegen diese neue Religion wehrt wie der Verfasser dieser Zeilen. Ja, der wird von diesen Menschen zum Tode verurteilt.

„Nein, man muss die Bauern malen, indem man selber einer von ihnen ist und fühlt und denkt wie sie, indem man nichts anderes sein kann, als man ist. Ich denke so oft daran, dass die Bauern eine Welt für sich sind, in vieler Hinsicht viel besser als die gebildete Welt."

Vincent Van Gogh

Mit offenen Augen lebt der Mensch in einem konformistischen Tiefschlaf. Die Herde redet von Liebe. Doch wer einen Hafen hat, der weiß nichts von Liebe. Wer einen Hafen hat, der hat keine Liebe in sich. Die Liebenden Wesen rennen nach den Schmetterlingen um mit ihnen zu spielen. Die Liebenden sammeln am Strand Muscheln. Die Herzlosen rennen nach dem Geld und dem Billigen.

„Ich sage noch einmal, kämpfe gegen die Gleichgültigkeit an. Das Durchhalten ist nicht leicht, aber was leicht ist, bedeutet auch wenig."

Vincent Van Gogh

Geboren hier in diesem Land. Ja, es ist normal nicht meine Art sich auf diese Weise auszudrücken. Doch die Schikane wird unerträglich. Sie möchten mich mit allen Mitteln aus diesem Land vertreiben. Das Kreuz auf meinem Rücken, isoliert in meiner Hütte zu sein, reicht ihnen nicht. Sie werden erst Frieden erlangen wenn sie mich aus diesem Land vertreiben. Mit ihren Gesten, Gesetzen, Blicken und Sprüchen machen sie das einem Bewusst, dass dies nicht meine Heimat wäre. Sie haben Angst vor der Liebe.

„Dass ich in der Kunst einen bestimmten Glauben habe, kommt auch daher, dass ich weiß, was ich in meine eigenen Arbeiten hineinkriegen will, und dass ich das hineinzukriegen versuchen werde, auch wenn ich selbst dabei zugrunde ginge."

Vincent Van Gogh

Allein zu sein, fremd zu sein. Schicksal hier auf Erden möge sein. Keiner verliebt sich gerne in einen Fremden. So bleibe ich alleine. Die Schönheit des Lebens, dass wir seien alle Fremde, doch sie wollen das Land einnehmen. Sie sind Terroristen gegen das Leben. Sie leben in Besitzgier und wollen das Leben besitzen. Das Leben lacht sich kaputt über sie. Besitzgierige Menschen zeigen nur damit, dass sie dem Leben nicht vertrauen. Sie sind in einem tiefen Schlaf, und Schlaf hat keine Macht. Doch Heimatlos zu sein bedeutet frei zu sein. Frei von Fesseln. Es bedeutet Freiheit. Die Welt des „Mehr" ist die Welt des gewöhnlichen Menschen. Doch die *Liebenden* fliegen *Auf* zu wunderschönen Tempeln der Liebe.

„Aber das Übernatürliche, das, wo Magie beginnt."

Vincent Van Gogh

Das Jenseits weckt eine schöne Sehnsucht. Eine Sehnsucht die im Lande des Unbekannten wohnt. Man weiß ihren Namen nicht. In den Ohren schöne Musik. Betrachten eines Sonnenuntergangs und man kann diese Sehnsucht flüstern hören.

„Ich fühle eine gewisse Kraft in mir, weil ich, wohin ich auch kommen mag, immer ein Ziel haben werde. Menschen zu malen, so wie ich sie sehe und kenne."

Vincent Van Gogh

Die Tragödie meines Stückes, meiner Lieder wird alleine auf der Bühne gespielt. Niemand anderes darf auf dieser Bühne stehen. Voller Rebellion gegen die gegenwärtige Situation der Menschen, stehe ich alleine auf der Bühne. Die Werke schreibe ich alleine, keine Person die mich unterstützt. Meine Werke werden ignoriert, da sie auf hohen Bergen wohnen, wo die Masse nicht auf kommen mag. Meine Rebellion erfolgt ganz alleine und das Leid erlebe ich ganz alleine. Niemand mag geistige, tiefe Gespräche führen. Niemand hört auf meine Worte, doch es wird sie ein dunkles Schicksal erwarten. Sie hören lieber auf die Lügner und Schauspieler des Marktplatzes. Fern ab lebe ich von diesen Schauspielern und Lügnern. Lieber in der Einsamkeit sterben, als von der Masse aufgefressen zu werden.

„Wenn man die Dinge genauer untersucht, sieht man, dass die größten und tatkräftigsten Menschen des Jahrhunderts immer gegen den Strom geschwommen sind, und dass sie aus eigenem Schöpfungsdrang gearbeitet haben, sowohl in der Malerei als auch in der Literatur. Viel produzieren mit kleinem Kapital, Charakter haben an Stelle von Geld, siehe Miller und Sensier, siehe Balzac."

Vincent Van Gogh

Die wahrliche Tragödie ist, dass diese schreckliche Tat gegen mich mitten in Deutschland passiert. Die Deutschen wollen doch auch sonst alles immer genau wissen! Wieso schauen sie denn nun weg bei diesem Fall? Sie sind gerissene Leute. Sie drehen sich alles so hin, wie es ihren lebensfeindlichen Strukturen entspricht. Ihre Universitäten schauen weg, ihre Theater betreiben weiterhin Staatskunst. Die Masse auf dem Marktplatz vergnügt sich weiterhin mit Geld. Es ist nicht zu verstehen, dass sie bei diesem Philosophen und Dichter, der die Jahrzehnte regieren wird wegschauen. Ein Held ist dieser Dichter, er kämpft gegen Millionen, ganz alleine, nur mit seinem Stift. Der Grund des Todes dieses Dichters wird sein, die Unsterblichkeit.

„In dem Augenblick, da mein Geld ganz zu Ende ist, ganz und gar, schreibe ich Dir noch einmal."

Vincent Van Gogh

Ja, ich fordere von den Menschen hier in Deutschland noch mehr Leid, noch mehr Isolation, noch mehr Gefängnis. Ich habe verstanden, wenn auch spät, dies soll Sein meine Nahrung. Dies lässt mich schreien, dies lässt mich Wut spüren, und dies lässt diese unsterblichen Lieder entspringen, aus meinem Herzen. Noch mehr Einsamkeit, noch mehr springende Brunnen in mir ruft hervor euer Hass und eure Ignoranz. Es werden noch mehr schöne Lieder geboren. Ich danke euch, euer Rassismus lässt die schönsten Lieder auf die Welt kommen.

„Die Sinne, durch die ein Wissenschaftler Wissen erwirbt, sind begrenzt und unvollkommen, deshalb ist sein Wissen ebenfalls begrenzt und unvollkommen. In seiner Unwissenheit mag er behaupten, alles zu wissen, doch das ist einfach lächerlich."

Swami Prabhupada

Der weiße Mann ist unterlegen seinem Überlegenheitsgefühl. Er ist voller minderwertiger Gefühle. Jemand der Macht über andere demonstrieren muss, ist der schwächste Mensch auf Erden. Der weiße Mensch und seine Welten werden bald von den Gesetzen der Natur bestraft werden. Der Sinn des Lebens ist es glücklich zu sein, doch die Lebensweise des weißen Mannes welches hierzulande dominiert ist falsch, und deshalb gibt es überall Leid und der Kampf ums Dasein betäubt die Herzen.

„Denn Liebe ist etwas, das sich allein durch deinen liebenden Blick bis zu den entferntesten Sternen überträgt. Einfach durch deine Berührung überträgt sich die Liebe auf einen Baum. Sie kann ohne Worte, in absoluter Stille mitgeteilt werden. Sie braucht nicht ausgesprochen zu werden, sie äußert sich von selbst. Die Liebe hat ihre eigenen Wege, um die tiefsten des Seins zu erreichen."

Osho

Menschen möchten hier im Westen nicht teilen. Sie wissen nicht, dass Liebe eigentlich Teilen bedeutet. Angst ist das Gegenteil von Liebe. So haben sie Angst und sind in der Habgier zuhause. Nur in der Liebe vertraut man dem Leben, welches uns geschenkt wurde. Niemand mag mehr auf Bäume klettern oder forschen. Sie wollen nur noch konsumieren. Wissen sie denn nicht, dass die großartigste Erfahrung im Leben das bedingungslose Geben ist? Was bringen ihnen ihre Eltern nur bei? Wir Liebenden sind Könige, die Habgierigen sind Bettler.

„Liebe ist beides. Sie ist sowohl reich als auch schmerzhaft, sie ist Seelenqual und sie ist Ekstase, denn die Liebe ist eine Begegnung zwischen der Erde und dem Himmel. Dem Sichtbaren und dem Unsichtbaren."

Osho

Man kann die Naturgesetze nicht verändern, doch Menschen tun alles Mögliche um sie zu umgehen. Die Erde ist unsere Mutter. Der Himmel unser Vater. Sie werden sich rächen an den Menschen, die mit ihren Verhalten die Erde zerstören. Weil die Masse der Menschheit auf dem niedrigsten Intelligenzniveau wohnt, können die gerissenen Führer die Menschen versklaven wie sie möchten. Doch nur den Liebenden ist es vorbehalten, sich eines Tages auf die Suche nach dem höchsten Geliebten zu begeben und die Welt des Establishment durch künstlerische Werke zu zerstören, auch wenn sie dafür mit dem Leben bezahlen müssen.

Weil der Mensch noch nie freundlich zu den Bäumen gewesen ist, sind die Bäume sehr ängstlich geworden."

Osho

Die Mehrheitsgesellschaft ist zu allen Zeiten der Welt, die Unterdrücker gewesen. Nur jene, die alleine auf der Welt gelaufen sind, sind zu Buddhas geworden. Wenn man großer Musik gelauscht hat oder die Bedeutung eines großartigen Gedichts verstanden hat oder die Schönheit eines Sonnenuntergangs gesehen hat, kann es nicht ausbleiben, dass man sich hinterher traurig fühlt. Aus diesem Grund haben Millionen von Menschen beschlossen, alles Schöne zu meiden, nicht zu lieben.

„Der Mensch kann sich über die Götter erheben, aber er kann auch tiefer sinken als die Tiere. Der Mensch hat einen breiten Spielraum, vom Niedrigsten zum Höchsten. Der Mensch ist eine Leiter vom Untersten bis zum Höchsten."

Osho

Menschen genießen es ihre Liebsten unglücklich zu machen. Doch niemand schert sich um seine wahre Natur, um seine eigene Wahrheit. Die Augen nach außen gerichtet, suchen sie alles im Außen. Denn die Gesellschaft möchte nicht, dass man zu feinfühlig-intelligenten Wesen wird. Dann hätte ihre Sklaverei ein Ende. Der Mehrheit ist alles Gleichgültig, so verkümmern sie. Ihre Seelen werden nicht ernährt. Ihre Gleichgültigkeit ist lebensverneinend.

„Gott ist nicht gleichgültig, er kümmert sich um den kleinsten Grashalm. Er bemalt einen Schmetterling mit der gleichen Sorgfalt, mit der er einen Buddha erschafft."

Osho

Diese Gesellschaft ist gerissen, sie spielt ein falsches Spiel. Sie lässt die Kinder nicht frei sein. Sie dürfen nicht kreativ sein. Als Buddha unter dem Bodhi Baum saß und nichts tat, war er der kreativste Mensch, seit Menschen Denken. Die weißen Menschen erziehen ihre Kinder zu Ehrgeiz und Wettbewerb. Ehrgeizige Menschen können nicht kreativ sein. Die gesamte Lebenseinstellung hier in Deutschland orientiert sich am Geld. Und Geld kann nicht kreativ sein. Menschen, die dem Geld folgen, werden das Leben mir ihren Handlungen töten. Geld anzusammeln bedeutet Raub und Ausbeutung. Während jemand umso Reicher wird, verhungern dabei andere. Ein kreativer Mensch hinterlässt die Welt schöner, wie sie vorher war mit unsterblichen Künsten. Sie mögen womöglich unbekannt bleiben, doch das Leben liebt diese Künstler der Liebe. Das Leben der Liebenden hatte einen inneren, tiefen Wert.

„Nein, ich kann dir keinen Rosengarten versprechen. Es mag Probleme geben. Du magst gezwungen sein, ein ärmliches Leben zu leben. Alles was ich dir versprechen kann, ist dass du tief in deinem Inneren der Reichste Mensch sein wirst. Du wirst dich von Gott gesegnet fühlen und dein Leben wird zu einem einzigen Geschenk. Im außen Erfolg zu haben bedeutet in der inneren Welt zu scheitern, innerlich ein Versager zu sein. Was wirst du tun, wenn du die ganze Welt besitzt, aber nicht dich selbst besitzt?"

Osho

Die Bewohner des Marktplatzes sind nur aus auf Geld, Macht und Ansehen. Sie sind Bettler und niedere Bestien in ihrem Zustand. Sie haben der Welt nichts zu geben. Sie kennen nur das Nehmen. Solange man nicht zu einem Gebenden wird, geht das Elend für sie weiter. Sie machen andere Fertig und ruinieren andere Menschen um zu Ruhm zu gelangen. Hinter deren Lächeln kann man gewalttätige, fruchtbare Leute versteckt sehen.

„In der Regel kommt ein kreativer Mensch erst zu Ruhm, wenn er nicht mehr da ist, es geschieht immer posthum, mir viel Verspätung. Je größer ein Mensch, desto länger dauert es, bis die Menschen ihn anerkennen. Kreative Menschen erschaffen ihre eigenen Werte und wenn sie schließlich fertig sind, dann sind sie nicht mehr da. Bei einem unkreativen, destruktiven Menschen ist Erfolg viel wahrscheinlicher."

Osho

Lieben bedeutet zu Sterben. Dem Weg des Wassers zu folgen. Die Menschen benutzen jeden Tag das Wasser, doch wieso werden sie dann nicht sanft und feinfühlig wie das Wasser?

„Geh und setzt dich neben einen Fels. Beobachte
ihn voller Liebe, berühre und spüre ihn voller Liebe."

Osho

Jeder Mensch kommt mit einer besonderen Bestimmung auf die Erde.
Das Leben möchte reden in Form der Bestimmung. Doch die
Gesellschaft, jene die wir bewohnen unternimmt alles, damit die
Menschen nicht zu ihrer wirklichen Verwirklichung finden. Das
Leben ist Sehnsucht, reine Sehnsucht, immer höhere Gipfel zu
erreichen. Doch die linke Gehirnhälfte kann nicht zur Liebe finden.
Den Kindern wird früh der Zugang zur rechten Gehirnhälfte
verwehrt, welches das Poetische symbolisiert.

„Amerika ist erst dreihundert Jahre alt. Im Leben einer Nation sind dreihundert Jahre nichts. Darum stellt Amerika die größte Gefahr für die Welt dar. Atomwaffen in den Händen von Kindern."

Osho

Kaum sind meine Werke geschrieben, überkommt mich eine tiefe Traurigkeit. *Denn wieder haben sich die Menschen nicht geändert.* Wieder haben sie nicht zum Tempel der Liebe gefunden, oder sich auf den Weg überhaupt gemacht. Welche eine traurige Situation. Ihre Welt besteht nur aus Technikern. Gefühlslos und trist. Doch mich schwängert jede Nacht der Mond, damit am Morgen schöpferische Werke entstehen. Mein Leben ist erfüllt. *Die Werke bald vollbracht.* Was bleibt noch zu tun? Nur um zu Erschaffen leben die Liebenden. In der Trauer die Nahrung. Sie führt zu sonnenbeschiedenen Gipfeln.

„Sprache ist immer auch Definitionsmacht. Die Menschen zu benennen und eigenmächtig in Gruppen einzuteilen, ist ein Privileg der Weißen."

Noah Sow

Jede Form von Spaltung ist ein Gewaltakt. Ja, es ist schwieriger ein Vorurteil zu zerstören als ein Atom, und doch bringen Vorurteile jeglicher Art Gewalt und Diskriminierung mit sich. In der Spitze der Banken, den Schulen, den Universitäten, der Regierungen sitzen weiße Menschen. Ihr weißes Überlegenheitsgefühl und Denken diskriminiert uns jeden Tag. Wie wird der Besitz verteilt hierzulande? Der weiße Mensch besitzt das meiste Geld und seine Gesellschaft ist hierarchisch geordnet. *Oben die Herren, in der Mitte die Gehorsamen. Unten die Sklaven.* Welch eine hässliche Struktur. Die Bildungselite vergiftet unsere Kinder an jedem einzelnen Schultag, wo das Kind von seinem Herzen getrennt wird.

„Die Bauernfrau ist schöner als die Dame."

Vincent Van Gogh

Es muss bald ein Ende nehmen, das weiße Denken. Sonst wird Mutter Natur für immer weinen. Die weißen deuten alle als Fremd, die nicht ihren Normen entsprechen. Sie nehmen den Besitz der fremden Länder für sich selbst ein. Sie kategorisieren und benennen alles nach ihren eigenen hässlichen Maßstäben. Sie lachen in ihrer Ignoranz andere Kulturen aus. Sie denken, dass nur ihre Errungenschaften von Wert sind, obwohl die Weißen meistens nur Invasion und Krieg bringen. Sie bereisen die ganze Welt und verpesten die Mutter Natur, doch andere dürfen nicht in ihre Länder einreisen. Sie bilden in ihren Welten stets Mehrklassengesellschaften. Sie bauen Zäune um ihren geklauten Reichtum zu schützen, *der den Armen eigentlich gehört.*

„Die weiße deutsche Gesellschaft rückt jeweils nur dann ein winziges Stückchen von ihrer Dominanz ab, wenn es gar nicht anders geht. Weil sie schon als kleine Kinder gelernt haben, dass es ihnen zusteht, alle Menschen zu benennen und einzuteilen. Und sobald ihnen dieses vermeintliche Recht streitig gemacht wird, und sei es im Sinne von Frieden und Menschenrechten, geraten sie in Panik."

Noah Sow

Mein Gebet an den Herrn,

Lasse bitte Naturkatastrophen in Europa geschehen. Die Menschen dort sind Eiskalt. Sie haben deine Gesetze des Lebens verletzt. Sie ordnen ein die Welt in Gut und Böse, doch sind sie es die Weltkriege anzetteln und Menschen bei lebendigem Leib verbrennen, vergasen. Sie sehen sich als den Mittelpunkt des Universums und alle anderen sind niedere Wesen. Selbst ihre Abwehrreflexe auf meine Schriften sind Rassistisch. Des weißen Mannes Privilegien sind zum Kotzen. Sie unterdrücken alle anderen Menschen und Kulturen und die Mutter Natur. Sie ist die schönste Göttin. Des weißen Mannes Ego ist eine Bestie. Das gefährlichste auf Erden. Es lässt die Gemeinschaft außer Acht. Doch meine Werke zerstören ihre Privilegien, deswegen ihr Hass auf mich und die Liebenden Künstler des Lebens. Heute und Damals.

„Ich wollte dir nur gleich schreiben, dass ich hoffe,
der Winter ist nun vorbei, hoffentlich auch in Paris."

Vincent Van Gogh

Nieder mit der Deutungshoheit des weißen Mannes. Zerstört soll werden sein Herrschaftsego. Die Kinder des weißen Mannes werden mit einem rassistischen Weltbild bereits infiziert, bevor die Grundschule überhaupt beginnt. Es ist das Kolonialdenken, welches ihnen eingetrichtert wird. In diesem Denken werden Rassen erfunden, um zu spalten. Alle Wesen sind doch beseelt. Doch die weißen Menschen bilden sich ihre eigenen Hierarchien. Sie selbst sehen sich ganz oben. Sie haben das meiste Geld und die Besitztümer der Welt. Sie beuten die armen Länder aus. Ihre weißen Wissenschaften belästigen die Natur. Ihr Überlegenheitsgefühl, welches eigentlich eine Niederlage gegen die liebenden Wesen bedeutet stinkt sehr fürchterlich. Die weißen sind die unterste Stufe der Schöpfung, sagt das Leben, weil sie die Natur nicht als Liebe ansieht, sondern etwas zum Kaufen und Verkaufen.

„Afrikanische Länder wurden überfallen, die Menschen ermordet, vergewaltigt, verschleppt. Völker und Kulturen vernichtet im Namen von Religion, Zivilisierung, Fortschritt. Natürlich ging es den europäischen Aggressoren dabei um Macht, Geld und ökonomischen Einfluss."

Noah Sow

Die Götter der Industrie und Wirtschaft sind ihrer Natur gemäß wenig an der Liebe interessiert. Das Wohlbefinden der Seele interessiert sie nicht. Ihre Ziele sind nur wirtschaftliche Gewinne. Diese Götter dominieren die Gesellschaft hier. Entfremdet der Liebe sollen die Menschen sein, nicht nachdenken sollen sie. Die Industrie sieht die Natur nicht als die Heimat des Menschen.

„In einer materialistischen Gesellschaft ist aber das Wertvollste das Geld, um das sich folglich auch alles dreht."

Ruediger Dahlke

Nein, der Tod lässt mit sich nicht handeln, ihr Reichen.

Ihr bunkert die Nahrung des hungernden Nachbarn und wollt nicht teilen. Materiell orientiert ist die Zeit wo ich lebe. Sie möchten sich körperlich verschönern, doch das Herz ist hässlich erzogen worden. Die Massentierhaltung ist ein Beispiel für die Perversion der Gesellschaft. Es geht nur noch ums Töten und dabei Profit erzielen.

„Glaub nicht, die Toten wären tot. Solange hier Lebendige sind, leben die Toten auch, leben die Toten auch."

Vincent Van Gogh

Sie verstehen meine Sprache nicht. Von zu weit weg kommen die Strophen der Lieder. Sie machen sich lustig über meine Schriften, hinter verschlossenen Türen. Für einen Wettkampf, oder das philosophische Debattieren fehlt ihnen das Wissen und die Aufrichtigkeit. Sie haben nicht Nächtelang gelesen und den Reichtum der inneren Welten gekostet. Sie vergöttern nur die äußeren Welten. Ihre Worte stammen nur aus ihren Mündern, nicht aus den Herzen.

„Wir fühlen uns nicht dem Tode nahe, aber wir spüren, wie es in Wirklichkeit ist. Wir bedeuten wenig, und wir zahlen einen harten Preis dafür, dass wir ein Glied in der Kette der Künstler sind. Wir zahlen mit unserer Gesundheit, mit unserer Jugend, mit unserer Freiheit, deren wir niemals froh werden, sowenig wie der Droschkengaul, der einen Wagen mit Leuten zieht, die froh in den Frühling hinausfahren."

Vincent Van Gogh

Als ich mich auf den Weg zum Erstreben der Wahrheit machte, konnte ich nicht einmal einen Koffer packen, denn ich Besitze nichts. Des Menschensohn wahre Natur entspringt aus der Freiheit, doch die breite Masse mag lieber in Ketten leben ihren Alltag. Aus ihren Mündern kommen nur hässliche Sätze, jeder gegen jeden heißt es in ihrer Welt. Ja, als Sklave wurde ich geboren, doch nun bin ich zu den Göttern aufgestiegen. Von ganz oben betrachte ich nun die Menschen, da unten. Wie sehr würde ich mir wünschen, dass auch sie die Leiter hier hoch finden könnten. Doch sie haben nicht das Erstreben, nein, sie sehen nicht diese Leiter zur Göttlichkeit.

„Vergiß nicht, lieber würde ich das Malen aufgeben, als dass ich zusehen müsste, wie du dich zugrunde richtest, nur um das Geld zu verdienen."

Vincent Van Gogh

Die Kinder der Zukunft werden pinkeln auf die Gräber ihrer Vorfahren. Sie werden sich um *Sie* schämen. Wieso sie beim bösen Werk des weißen Mannes zugesehen haben? Es sterben täglich Millionen von Menschen und Tiere. Die Mutter Natur wird gerodet. Und die Menschen sehen es nicht. Für sie ist ihre kleine, für die Gesetze des Lebens unwichtige Karriere wichtiger. Ihre einzige Sorge ist ihr monatliches Einkommen. Sie leben in Käfigen, in der Form von Großstädten. Sie werden von ihren Machthabern kontrolliert und ausgebeutet. Sie sind nur eine Ziffer in diesem System. Doch ich laufe umher in ihren Straßen und kann keine Menschen sehen, die sich der Liebe gewidmet haben. Liebende Wesen würden rebellieren in Feinfühligkeit gegen das in Käfigen leben. Liebende Menschen würden rebellieren um aus diesen Käfigen zu entfliehen und die Wärter dieser Käfige zu besiegen.

„Du bist gut zu den Malern, weißt du, je mehr ich darüber nachdenke, umso stärker fühle ich, dass es nichts gibt, was wirklich künstlerischer wäre, als die Menschen zu lieben."

Vincent Van Gogh

Wieso gibt es so viele Konzerne die unsere Umwelt zerstören? Wieso werden keine Philosophievereine gegründet? Wieso ist das Gehorsam sein nie aus der Mode gekommen? Wieso widmet man sich nicht den dichterischen Philosophen? Wieso hört man auf die hässlichen Menschen, die nichts außer Geld im Kopf haben? Wieso lösen diese Fragen in meinem Kopf tausende Von Wirbelstürmen aus, während andere nicht mal mit der Wimper zucken und nur am Schnarchen sind? Wieso hört niemand zu meinen Worten? Dann sollen sie mir doch nicht zuhören! Ich werde bis zum letzten Tag auf Erden der Dichtung treu bleiben, mit dem Armen und Blumen sein. Niemals werde ich mit den Ausbeutern der Kinder, der Träume, der Märchen und Dichtungen zusammenkommen. Wir sehen die Welt aus anderen Augen. Mit den Augen Pippi Langstrumpfs. Nicht mit den Augen des Geldes und dem Ansehen nach Macht.

„Durch langes Betrachten der Dinge gelangt man zu Reife und tieferem Erfassen."

Vincent Van Gogh

Manchmal frage ich mich was es noch einen Sinn macht, bei Tag und Nacht so viele Bücher zu lesen. Einsam in dieser Mission zu sein macht Stolz und Traurig zugleich. Stolz weil ich dem Gebot des Lebens, zu lesen folge. Traurig, weil die Masse nicht lesen möchte. Traurig, weil die Welt dem Krieg folgt, dem Wettbewerb, dem Ehrgeiz. Die Romane kommen nicht mehr vor. Weiße Menschen können keine Romane schreiben. *Sie können nur tun als ob.* Doch ein mechanisches, totes Herz, ohne Tränen in den Augen, ohne Brennen in den Augen, ohne Stottern und Zittern auf den Lippen kann nichts Romantisches schöpfen und schreiben.

„Also sitze ich schon tagelang hinter Schloß und Riegel unter Aufsicht der Krankenwärter in der Irrenzelle, ohne dass meine Strafbarkeit bewiesen oder auch nur beweisbar wäre."

Vincent Van Gogh

Das weiße Deutschland ist Rassistisch veranlagt. Jeden Tag muss ich Fragen nach meiner Herkunft beantworten. Sie stecken uns Fremde in Schubladen und spalten die unbeschreibliche Schönheit und Einheit des Himmels mit ihrem Vergehen am Leben. Ihr Rassismus schnürt mir zu den Atem. Tagtäglich muss ich mich und die Liebenden sich damit auseinandersetzen. Ja, ich bin noch am Leben, trotz aller Schikanen der Weißen Kolonialisten. Eure blöden Sprüche und Gesten, eure Diskriminierungen töten das Schöne im Menschen tagtäglich. Ihr habt es geschafft, dass ich ein Samurai nun geworden bin. Ich danke euch, euer täglicher Rassismus hat mich zum größten Philosophen dieses Landes gemacht. Und ihr seid nur Kot in unteren Welten nun. Ich danke Euch! Ich hätte niemals gewollt, dass es so Endete, doch ihr habt mir keine andere Wahl gelassen gehabt.

„Wann wurden zuletzt Menschen in Deutschland aufgrund ihrer Religion rassifiziert, und was passierte dann mit ihnen?

Noah Sow

In Deutschland. Hast du auch genug mein Geliebter von den hängenden Gesichtern von den Menschen hier? Du magst auch fliehen stimmt´s? Geboren hier, unser Schicksal, stets Winter in diesem Land. Man sieht keine von Herzen strahlenden Menschen hier, sie lachen nur wenn es ums Geld oder ihre Geschäfte geht. Sie haben sich an ihr Unglück gewöhnt. Sie sind ein Volk von Sadisten und Masochisten, in der Qual zu Hause. Ihre Ordnung auf den Säulen der Aggression und Gewalt gegründet. Weil sie keine Liebe in ihren Herzen haben, widmen sie sich der Gewalt. Die ganze Struktur muss falsch programmiert sein. Das Volk hier tanzt nicht mit den Blumen und Sternen. Wenn sie könnten, würden sie alles in der Natur besitzen wollen. Weil sie das nicht können, so vergewaltigen sie alles was in der Mutter Natur lebt. Der Westen verkörpert den männlichen Geist, den Vergewaltiger aller Naturvölker. Der aggressive Intellekt wird an ihren Universitäten gelehrt. Sie möchten nichts über den weiblichen Geist des Ostens wissen, deswegen hassen sie den Osten. Doch im Osten geht die Sonne auf. Die Sonne ist stets auf der Seite mit den Liebenden.

„Natürlich bin ich nicht böse, um mich zu entschuldigen, würde mir in einem solchen Fall vorkommen, als klage ich mich an."

Vincent Van Gogh

Hier im Westen, in Deutschland sind die Menschen wissenschaftlich aggressiv, die Natur zu erobern. Die linke Gehirnhälfte verkörpert den Westen, die rechte Gehirnhälfte den Osten. Der Westen ist ein Rechter, der Osten ein Linker. Denn die linke Gehirnhälfte ist direkt mit der rechten Hand verknüpft, und die linke Hand mit der rechten Gehirnhälfte. Ihre Denkprozesse sind verschieden. Der Westen ist barbarisch, der Osten voller Liebe. Der Westen mag von Liebe nichts wissen, deswegen all die Leichen auf den Straßen hier im Westen. Der Westen ist berechnend, dort singen keine Vögel ihre Lieder. Dort blühen keine Blumen der Mystik und Poesie. Die weibliche Energie darf nicht überleben in Deutschland. Sie wird von Kind auf getötet. Dafür sind die Schulen zuständig.

„Ich fürchte selber ein wenig, dass ich nicht immer Herr meiner selbst bleiben würde, wenn ich draußen in Freiheit wäre und man mich herausforderte oder beleidigte, und das könnten sich die Leute zunutze machen."

Vincent Van Gogh

Hier in Deutschland widmet man sich dem amerikanischen, imperialistischen Leben. Lärm, Gestank, laute Musik, Rauchen, Alkohol und Triebe verschwenden alle Energie, die sie haben. Stille und Einsamkeit gilt für sie als Schwäche und wird durch Drogen weggetrunken. Die Seele verkümmert in diesem Land, weil die Strukturen gegen das menschliche Sein sind. Alle Energie wird für die Außenwelt benutzt. Deswegen fehlt ihnen das Mensch Sein. Sie haben alle Güter dieser Welt, doch sie selbst sind bereits lange verstorben, oder nie geboren worden. Ein unbeschreibliches Elend ist die Folge. Sie haben alles Geld der Welt, doch sie existieren nicht. Nur ein unglücklicher Mensch hat Unterhaltung nötig, wie die Menschen in diesem Land. Sie rennen von Vergnügen zu Vergnügen und verkümmern dabei. Sie suchen alles im Außen. Oh welch, Narren. Millionen von Menschen schauen Fußball im Fernsehen, und das nennt ihr intelligent und modern? Menschen hier haben gewalttätige Gelüste in sich, doch spielen das Stück der Tugend. Ihr inneres ist verfälscht. Sie sind Lügner. Nein, ich habe keine Angst vor Ihnen

„Wir Künstler haben in der gegenwärtigen Gesellschaft alle unseren Knacks ab."

Vincent Van Gogh

Wieso seht ihr die Armen, die Ausgestoßenen nicht? Warum verliebt ihr euch nicht in das Leben? Ihr liebt nur die Leiter eurer Karriere. Ihr werdet nicht sanft, nicht fein, nicht edel. Hinter euren Tugenden versteckt sich die Hässlichkeit. Ihr wollt immer alles ganz genau wissen, doch beim Thema Rassismus und Diskriminierung schaut ihr weg, ihr ignoriert es einfach. Weil ihr genau wisst, dass ihr schuldig seid. Eure Vorväter haben Jesus und Sokrates ans Kreuz genagelt. Sie haben Vincent Van Gogh und Friedrich Nietzsche leiden lassen. Heute macht ihr es mit dem Verfasser dieser Schriften. Ihr seid Unterlegen. Wisst ihr auch warum? Weil der Frühling der Liebe eure Häuser nicht erreicht hat. Ihr seid fern von den Mysterien der Liebe. Gegen die Liebe kann man nicht siegen. Ihr habt verloren gegen die Liebe. Eure Arroganz und Ignoranz sind Beweis dafür. Ich hoffe, dass euch der Frühling eines Tages erreichen wird, und doch habe ich wenig Hoffnung für euch.

„Wenn ich das Gefängnis oder die Irrenzelle auf mich nehmen muss, warum nicht? Haben nicht Rochefort, Hugo, Quinet und andere die Verbannung erduldet und damit ein ewiges Beispiel gegeben."

Vincent Van Gogh

Die Diskriminierung des Weiblichen gerät in eurer Welt niemals außer Mode. Ihr lebt im Überfluss und alte Menschen stöbern in Abfallcontainern um zu überleben, währen ihr dies ihnen verbieten wollt. Ihr betet die Macht an. Ihr betet die *Geld Welt Religion* in Gestalt des Kapitalismus an. Die Herrschaft hat das Kapital und ihr Seid Gläubige und Sklaven dieser Religion. Diese neue Religion bestimmt euer Leben. Ihr gebt das materielle Gelddenken an eure Kinder weiter und sie werden genau wie ihr. Gottes Feind ist die Zinswirtschaft, doch es gehört zu eurer Geldkultur. Wohin mit euch? Wie kann man nur so primitiv sein? Ihr seid die Priester dieser Geld Welt Religion und kreuzigt mit eurem Volk uns Liebenden, weil wir euch entlarven.

„Wie traurig ist es, zu denken, daß auf einen Maler, der nur halbwegs Erfolg hat, ein halbes Dutzend Künstler kommen, denen es noch schlechter geht als ihm."

Vincent Van Gogh

Nein, ich werde schreiben und alles erzählen, was mir Gott zuflüstert. Ihr könnt mich nicht stoppen. Auch eure Schikanen werden dies nicht erlauben. Ihr wollt mich Zugrunde gehen sehen, doch euch Gehorsam sein werde ich nicht. Als *Auserwählter* auf diese Welt gekommen zu sein, ist mein Schicksal. Ausgewählt um die Botschaft der Liebe zu bringen. Ich werde kämpfen und weiterhin schreiben. Die Kinder in diesem Land gehen geistig und seelisch zugrunde wegen eurer Welt, die ihr Erschaffen habt. Minderwertige Musik zerstören die Seelen der Kinder. Lächerliche Zeitungen und Medien vergiften die Seelen der Zukunft. Ihr opfert für das tote Geld die Lebendigkeit der Kinder. Die größten Geschenke der Existenz. Ihr wollt uns Minderwertigkeit vermitteln, damit ihr euch groß fühlt. Doch nein, wir sind die Liebenden. Uns genügt die Liebe. Gott ist mit uns, die Schönheit, die Feinfühligkeit ist mit uns. Eurem Marktplatz bleiben diese Schönheiten fern. Dort stinkt es.

„Es geht uns Europäern übrigens mehr oder weniger schlecht. Unsere Zustände sind viel zu künstlich und kompliziert. Unsere Nahrung und Lebensweise ist ohne die rechte Natur, und unser geselliger Verkehr ohne die rechte Liebe und Wohlwollen."

Johann Wolfgang von Goethe

Hinter verschlossenen Türen redet ihr darüber die Schönheiten der Kinder und Tiere zu ermorden. Ihr wollt uns Mangel an Liebe in euren Schulen vermitteln. Die Gier auf dem Marktplatz nach Hässlichkeit ist sehr groß. Alle Wesen auf diesem Planeten könnten in Überfluss heute leben, doch dies wollt ihr nicht. Es wäre gegen eure Machtstrukturen. Die *Geld Welt Religion* tötet die Mutter Natur, dem Profit willen. Wir Liebenden wissen, dass uns die Liebe liebkost bei Tag und Nacht, Die Bewohner des Marktplatzes wissen nicht einmal wer sie sind. Bei euch zählt nur was messbar, berührbar und zu verkaufen ist. Dem Geist schenkt ihr keine Achtung, deshalb sind die Menschen in euren Welten zu lebenden Leichen geworden.

„Ich bin das und das und alles."

Tat twam Si

Die materialistische Kultur in Deutschland würdigt nur den Stärkeren. So beten Menschen die Macht an, in allen Ebenen des Lebens. Das Wort *mehr* ist der größte Prophet ihrer Geld Welt Religion. Die Seele soll nicht genährt werden mit hoher Dichtung und Kunst, nein, wir sollen Verrotten. Damit wir ihnen weiterhin Sklaven sind. Das Weibliche und Feminine darf nicht in ihrer Welt ausgelebt werden. Jene, die es trotzdem tun werden beseitigt, siehe das Leben von Jesus von Nazareth.

So laufet nicht weg, vor euch selbst. Die Flucht vor der Liebe macht uns alle nur krank. Ich bin gegen den Atheisten und gegen den Theisten, denn beide sind gegen die Liebe. Beide sind nur zwei Seiten ein und derselben Medaille. Der Westen und seine Einstellung dem Leben gegenüber zu begegnen, all sein materieller Erfolg ist zum Scheitern verurteilt. Ja, er hat Atomwaffen. Sie könnten die ganze Erde zerstören. Und wenn ich „Er" sage ist dies bewusst geschrieben, denn die westliche Art zu denken ist ein Mann. Die männlichen Energien regieren seine Gesellschaften. Die äußere Welt als die ganze Wirklichkeit zu betrachten, ist das Werk des weißen Mannes. Wenn die Welt zu einem Blumenparadies werden soll, muss dieser Dummkopf den man „weißer Mensch" nennt vermieden werden. Diese Zurückgebliebenen müssen vermieden werden. So benutzen die Liebenden ihre Energien dazu, die Welt schöner, poetischer, gesünder zu machen. Weg vom ganzen Lärm der kapitalistischen Welt des weißen Machthabers. Dieser weiße Mann hat keinen Zugang zu seinem Herzen. Er verachtet alles, was keinen Profit einbringt. Nur die Liebenden vollbringen sanfte Künste und Werke. Die Welt des weißen Mannes ist steinhart.

„Ich muss wirklich eine Entscheidung treffen, es ist nur allzu wahr, dass eine Menge Maler geisteskrank werden, es ist ein Leben, das einen, milde ausgedrückt, sehr weltfremd macht. Wenn ich mich wieder Hals über Kopf in die Arbeit stürze, so ist das gut, aber halb verdreht werde ich immer bleiben."

Vincent Van Gogh

Des Intellektuellen Genuss ist seine Sinne zu befriedigen, seinen armen Verstand mit Wissen zu verstopfen. Sein totes Wissen seine Macht in seiner kläglichen, kleinen und beschränkten Welt. Der Konflikt bleibt nicht aus in seiner Welt. Wettstreit, Eifersucht, Gier, Gewinnsucht und Aggression sind die herrschenden Götter hier in Deutschland. Diese Art zu leben wird für eine natürliche Lebensform gehalten. Deswegen hasst man die Liebe und die Boten der Lieben, die hier in diesem Land isoliert leben. Die Liebenden. Die Masse akzeptiert auf diese Art zu leben und damit akzeptieren sie die gewalttätige Struktur dieser Gesellschaft in Deutschland. Sie leben nach diesen barbarischen Regeln und Mustern. Sie möchten geachtet werden, deswegen wird man immer Habgieriger und despotischer auf dem Weg zum Erfolg. Man geht über Leichen und der Mensch ist nur eine Nummer hier. Ihre Städte sind Schlachtfelder des Wettstreits. Kein liebendes Wesen kann diese Ordnung akzeptieren, lieber würde man sich das Leben nehmen, als in dieser Welt in Deutschland zu leben. Dies nenne ich Religiosität wenn man negiert diese gewalttätige Ordnung. Die meisten Menschen hier in Deutschland haben viel von den Grundelementen der Gesellschaft in sich und sie wollen sie um keinen Preis aufgeben. Sie lieben die Gewalt, den Weg der Steine. Blumen sind ihnen fremd. Man kann es an ihren Augen sehen. Gier, Neid, Eifersucht, Ärger, Hass, Unruhe.

Mit diesen Dingen sind sie angefüllt. Deswegen nennen sie mich einen Ausländer. Sie wissen gar nicht, dass sie die wahren Ausländer des Lebens sind. Das Leben verachtet diese Menschen und es findet Ausdruck in ihrer Gewalt. Die Schönheit besucht ihre Häuser nicht. Sie sind Spalter der Einheit des Lebens. Ihr ganzes Geld wird sie nicht retten können, wenn das Leben eines Tages Rechenschaft fordern wird für ihre Diskriminierungen an den Fremden, Liebenden.

Ja, womöglich bin ich mit meinen Büchern gescheitert in eurer Welt. Doch, na und! Lieber scheitere ich an etwas sehr großem als Teil eurer niederen Welt zu sein. Ja, die Bäume, die Tiere. Sie verstehen meine Sehnsüchte. Bei ihnen fühle ich mich wohl und sie reden zu mir, auf dichterische Weise. Wenn ihr einen Wald betretet bekommen die Bäume, Pflanzen und Tiere Angst und zittern. Da ihr und eure Vorfahren sie schon immer Vergewaltigt habt und sie als etwas angesehen habt, mit dem man Geld verdienen kann. Ihr habt ihren Dichtungen und Liedern nicht zugehört. Alles Schöne klingt verrückt. Deswegen ist eure Welt normal. Ihr habt euch nie von den Liebenden Seelen küssen lassen. Das Geld küsste euch. Ihr habt Angst davor, dass ihr weniger besitzt als die Nachbarn. Wir Liebenden haben Angst, dass die Straßenkinder und Tiere hoffentlich nicht frieren und nicht hungern. Wir sind wie Friedrich Nietzsche, als er zusammenbrach als ein Pferd misshandelt wurde. Ihr seid wie die Adolf Hitlers der heutigen Zeit, ihr haltet euch für die auserwählte Bildungselite und alles auf der Welt dreht sich nur um euer kleines Leben. Eigentlich seid ihr die kleinen Menschen, da ihr nicht zur Liebe findet. Ja, wir sind Arm, materiell gesehen, doch unsere Herzen sind springende Brunnen und singen die Lieder der Liebe.

„Manche bezahlen für Geld jeden Preis."

Arthur Schoppenhauer

Menschen haben Angst vor dem Vertrauen. Deswegen ihr Antrieb nach Erobern von Dingen, Ländern und Menschen. Auf Kosten anderer sich zu bereichern, die größte Leidenschaft. Der Mensch ist gestorben, deswegen sind die Romane des Lebens von uns gegangen. Wir sehen heute keine Romane mehr. Ihre Welt lässt es nicht zu, deswegen keine hohe Literatur.

Und vor uns liegen nach unseren halb verlorenen Armutsjahren Krankheit, Alter, Wahnsinn und immer wieder das Exil."

Vincent Van Gogh

Arm ist mein Geldbeutel, so gehe ich alle Wege zu Fuß. In der Nacht breche ich auf und tanze mit den Sternen. Der Tag ist bestimmt für den weißen Mann, dort übt er aus sein böses Werk. Stockfinster die Tage, hell die Nächte. Die gefährlichen Wege meine Heilung. Je tiefer die Nacht, so süßer die Dichtungen. In der Nacht entstehen meine taoistischen Gedichte. Denn jeder Fluss erreicht letztendlich das Meer. Der Weg des Wassers, die Route der Liebe. Die Reise selbst zur Poesie ist das Ziel.

„Wir kennen das Leben so wenig, dass wir kaum befugt sind, über Gut und Böse, Gerecht oder Ungerecht zu urteilen."

Vincent Van Gogh

Menschen sind in ihren konservativen Gedankensystemen und Lebenshaltungen gefangen. Ihre Gedanken und Urteile sind in Schubladen eingeteilt. Einer ihrer ersten Fragen wenn sie jemanden sehen ist. „Woher kommst du?" Sie wollen es wissen, damit sie diese Menschen Fremde und Ausländer nennen können. Sie sind gewalttätig. Diese Art Menschen sind die listigsten auf Erden. Ihr einziges Erstreben ist zu spalten und zu trennen. Das Leben ist eine Einheit, es kennt keine Trennung. Menschen, die andere als Ausländer brandmarken sind der elenden Masse zuzuordnen. Ihnen gefällt es Klassen zu errichten, die Menschen in Nationen und Religionen aufzuteilen. Da ihr System unmenschlich ist.

„Es kommt mir nicht zu, so etwas zu behaupten, nicht einmal, wenn ich sehe, wie einerseits die lebenden Künstler nicht genug Geld haben, um ihr Essen und ihre Farben zu bezahlen, und wie anderseits die Bilder toter Maler so ungeheure Preise erzielen."

Vincent Van Gogh

Ich spreche den Nietzsche Gestus unserer heutigen Zeit, doch keiner mag hören. Jene, die Ohren haben, leben hier nicht in diesem Land. Ihre Ohren sind taub. Doch das Morgige wird mir gehören, dann wenn die Katastrophe dieses Land trifft. Dann wird man meinen Tempel der Liebe verstehen. Nächte ohne Schlaf lassen mich meine Bücher schreiben, voller Leidenschaft, während die Masse schläft oder betrunken ist. Auf geistigen Bergen zu leben ist nicht einfach. Auf den geistigen Bergen lebt man mit der Göttlichkeit, der Einsamkeit. Hier ist fern das Geschwätz der Schwätzer auf dem Marktplatz, dem Alltag der Wirtschaft und Industrie, wo die Menschen ihr Ego aufblasen. Unsinn wird dort angebetet. Auf dem Marktplatz hat man keine Ohren für meinen Gestus. Sie haben keine Augen um auf die Berge zu schauen, und mich in der Ferne auf hohen Gipfeln zu sehen. Durch Verachtung ihren Welten bin ich ihnen überlegen, die Seele mag zum Himmel fliegen, nicht auf ihren Marktplatz. Der Marktplatz bildet die Masse der Verdammten.

„Der Mensch hat den Konflikt als naturbedingten Teil des täglichen Lebens hingenommen, weil er Wettstreit, Eifersucht, Gier, Gewinnsucht und Aggression für eine natürliche Lebensform hält. Wenn wir damit einverstanden sind, in dieser Art zu leben, akzeptieren wir damit die Struktur der Gesellschaft, wie sie ist und leben nach konventionellen Anstandsregeln. Und daran bleiben die meisten von uns hängen, weil wir so großen Wert darauf legen, geachtete Menschen zu sein. Wenn wir uns auf Herz und Nieren prüfen, die Art wie wir denken, wie wir fühlen und wie wir im täglichen Leben handeln, werden wir erkennen, dass das Leben ein Schlachtfeld sein muss, solange wir uns der Gesellschaftsschablone anpassen. Die meisten Menschen haben viel von den Grundelementen der Gesellschaft in sich. Was die Gesellschaft in uns erzeugt hat und was wir selbst in uns geschaffen haben, sind Gier, Neid, Ärger, Hass, Eifersucht, Unruhe. Mit diesen Dingen sind wir angefüllt. Armut wird etwas ungewöhnlich Schönes, wenn der Mensch von der Gesellschaft psychologisch unabhängig ist. Man muss innerlich arm werden, denn dann gibt es kein Suchen, kein Fragen, kein Wünschen, kein Nichts. Nur aus dieser inneren Armut kann man die Wahrheit eines Lebens sehen, das ohne jeden Konflikt ist. Solch ein Leben ist eine Segnung und kann in keiner Kirche, in keiner Moschee oder im Materiellen Besitz gefunden werden."

Jiddu Krishnamurti

Bibliografische Information der Deutschen Nationalbibliothek:
Die Deutsche Nationalbibliothek verzeichnet diese Publikation in der
Deutschen Nationalbibliografie; detaillierte bibliografische Daten
sind im Internet über http://dnb.dnb.de abrufbar.

Herstellung und Verlag: BoD – Books on Demand, Norderstedt

ISBN: 9783752898149